Marquis
Léonce de Curières de Castelnau

(1845-1909)

Marquis Léonce de Curières de Castelnau

Né à Saint-Affrique (Aveyron) le 10 juin 1845 ; substitut du procureur impérial à Gourdon (Lot) en octobre 1869 et remplacé le 15 septembre 1870 ; substitut du procureur de la République à Draguignan (Var) en février 1872 ; — procureur de la République à Alais (Gard), le 7 octobre 1873 ; substitut du procureur général près la cour d'appel de Nîmes, le 7 janvier 1875 et remplacé le 3 janvier 1880.

Avocat près la Cour d'appel de Nîmes en janvier 1880 ; bâtonnier de l'ordre en 1887-1888 et en 1888 1889.

Conseiller général du canton de Barjac (Gard), d'août 1880 jusqu'en 1904.

Député de Saint-Affrique le 28 avril 1902 ; réélu le 5 mai 1906.

Président du groupe parlementaire de l'Action Libérale Populaire, de 1902 à 1906, puis vice-président du même groupe.

Décédé le 29 mars 1909.

A la réunion générale des Anciens Magistrats tenue le lundi, 26 avril 1909, M. Louis de Combes, président, a lu la notice suivante :

Le 29 mars 1909, M. Brisson, président de la Chambre des députés, fit part à l'Assemblée Nationale d'un deuil qui atteignait le Parlement : « Je viens de recevoir, dit-il, la triste nouvelle de la mort de notre excellent collègue, M. de Castelnau, député de Saint-Affrique, décédé cette nuit à Paris.

Ce n'est pas trop dire de M. de Castelnau qu'il n'était pas seulement courtois, mais qu'il était la courtoisie même. (*Applaudissements.*) Nous l'avons vu souvent monter à la tribune, car ses aptitudes variées et sa grande faculté de travail l'avaient préparé à plus d'un sujet.

« La plupart du temps, il y soutint des opinions qui n'avaient pas la faveur de la majorité, mais toujours avec cette mesure qui rend les discussions utiles et profitables à tous, ne faisant jamais appel qu'à des arguments tirés du droit tel qu'il le concevait. Ceux-là même qui ne partageaient pas son avis, disaient parfois qu'il avait éclairé pour eux certaines parties de la question traitée par lui. Il 'm'en coûte de dire adieu à ce parlementaire parfait ; vous le regretterez tous, messieurs, et vous me permettrez de souhaiter que nos regrets unanimes adoucissent en quelque mesure la douleur des siens. » (*Applaudissements unanimes.*)

Ces paroles, sortant des banalités d'usage, empruntaient aux circonstances une exceptionnelle portée. Elles furent le salut suprême d'un vainqueur inflexible, devenu soudain équitable, aux restes d'un vaincu. Notre collègue, en effet, suivant toutes les vraisemblances, était mort des suites d'un attentat commis sur sa personne, par un énergumène, pendant les dernières élections législatives.

Quoique Languedocien, le marquis Léonce de Curières de Castelnau, par son alliance avec la famille Mathevon, si honorablement connue dans la fabrique et le barreau de notre ville, était presque un Lyonnais. La noblesse de sa race, qui remontait aux croisades de saint Louis, ne lui avait laissé aucune morgue. Sa haute situation, il l'avait conquise par l'effort comme un modeste fils de bourgeois. Ce qu'il était à la dernière heure, il l'a toujours été. Sur sa personne, petite et replète, se dressait une tête forte qu'éclairaient des yeux limpides, par lesquels il semblait que l'on plongeât jusqu'au fond d'une âme faite de droiture, de bonté et de vaillance. A la Faculté de droit de Toulouse, ses camarades le chérissaient, malgré sa piété. Chrétien austère et joyeux, à la fois, il portait l'animation et la gaieté et provoquait, souvent, le rire de ses amis, par son exubérance méridionale.

Le cours fini, rien ne pouvait le retenir parmi les plaisirs des étudiants. Il rentrait chez des parents qui l'avaient admis sous leur toit, non sans s'égarer quelque peu chez les pauvres et les déshérités. Alors, il pouvait répéter ce chant soupiré par Brizeux adolescent, à la lueur de sa lampe de travail :

Occupe ta pensée et ton cœur en veillant.

. . . .

Il est une fleur douce et blanche,
Qui croît à l'arbre du devoir,
Cueille cette fleur sur sa branche,
Pour être fort demain respire la ce soir !

Que de livres il empilait sur sa chère petite table? Lorsqu'il avait suffisamment pâli sur le *Corpus* et sur les Codes, son esprit ardent s'élevait plus haut. Il se délassait en ouvrant les apologistes qui exaltaient ses croyances. Dans son commerce avec les grands chrétiens, il acquit de fortes doctrines, un fonds d'inaltérable tolérance, l'amour de la liberté et du progrès dans l'ordre légitime. C'est dans cette chaste retraite que sa jeunesse a trouvé la paix et la préservation ; qu'il a accumulé, comme on fourbit des armes, les arguments dont il devait faire un bel usage. Il en sortit avec une maturité précoce que rendait plus saisissante son enjouement juvénile.

Quel magistrat il aurait fait s'il avait pu suivre normalement sa carrière. Il portait, sous la simarre, des qualités peu communes : outre le savoir, la crainte de l'erreur, l'attention en un mot, et surtout la pitié pour le coupable dont il voulait la rédemption. Mais, dans notre vieille France qui se transforme, les hommes tombent comme les feuilles en automne. La tourmente brise les situations et les droits acquis. C'est la curée, la chasse aux places sous le nom mensonger de revendications populaires. Nommé substitut du procureur impérial à Gourdon (Lot) en octobre 1869, Léonce de Castelnau fut immolé sans raison par le Gouvernement de la défense nationale, le 15 septembre 1870, moins d'un an après sa prestation de serment.

L'Ordre Moral le rappela. Substitut du procureur de la République à Draguignan, en février 1872 ; procureur de la République à Alais, le 7 octobre 1873 ; il devint substitut du Procureur Général près la Cour d'appel de Nîmes, le 7 janvier 1875. Là, sur la foi d'une constitution qui garantissait la liberté de conscience, il crut pouvoir être en même temps magistrat et catholique. Il est peu de bonnes œuvres dont il n'ait été la cheville ouvrière. Rien n'égalait son amour et sa générosité pour les pauvres dans lesquels, disait-il à ses enfants, il reconnaissait Jésus-Christ lui-même. Il eut de hautes amitiés à l'Evêché. Le barreau louait son impartialité car il s'inspirait du vieil adage des gens du Roi que, si la plume est serve, la parole est libre.

Cependant, la République s'orientait vers la libre-pensée, c'est-à-dire vers l'intolérance. Jules

Ferry et Cazot préparaient l'expulsion des congrégations religieuses. Ces ministres estimèrent que pour cette besogne il fallait des instruments dociles. Ils commencèrent un travail d'épuration qui ne devait plus s'arrêter. Notre collègue eut l'honneur d'être l'un des premiers frappés avec son Procureur Général et l'un de ses avocats généraux. Le 3 janvier 1880 il était remplacé dans ses fonctions sans autre motif que l'ardeur de sa foi.

De Castelnau conquit l'estime de tous sous la robe de serge de l'avocat. Le canton de Barjac le choisit pour conseiller général et lui conserva une fidélité touchante pendant vingt-quatre années, jusqu'en 1904, époque où il se retira volontairement parce qu'il ployait sous le faix de ses multiples fonctions. Dans l'assemblée départementale, où pourtant il faisait partie de la minorité, il occupa une place prépondérante. On ne l'écoutait pas sur les questions politiques, mais on le suivait volontiers sur les questions d'affaires et c'étaient les plus nombreuses. Ironie du sort. Il eut pour président le Garde des Sceaux qui l'avait rendu aux luttes de la barre. Celui-ci, frappé de sa capacité, fit amende honorable et s'excusa de l'avoir méconnu. Les avocats de Nîmes l'appelèrent aux honneurs du bâtonnat en 1887-1888 et en 1888-1889. Les électeurs en attendaient mieux encore. Ses compatriotes de l'Aveyron, escomptant sa popularité, le pressèrent de se présenter aux élections législatives. Lui seul, à les en croire, pouvait sauver chez eux le parti de la République libérale.

Il se laissa convaincre, non par ambition, un dévouement ignoré l'eût satisfait davantage, mais par devoir, estimant que la patrie était en danger. Le mandat législatif lui pesa souvent ; il le traite, dans ses dernières volontés, de « vrai petit martyre ». Il obtint des électeurs de Saint-Affrique, le 28 avril 1902, 7761 voix contre 6556 données à M. le docteur Blancard, républicain radical, en remplacement de M. Fournol, progressiste, qui ne se représentait pas.

Il trouva la désillusion, dans le milieu turbulent qu'est la Chambre. Le mandat impératif y était partout : avant les élections, dans les loges maçonniques ; pendant les élections, dans les programmes imposés ; lors des sessions, dans les décisions préalables des groupes parlementaires. Au lieu de la juridiction suprême, pesant avec scrupule les destinées de la France, une réunion houleuse où la discussion n'était qu'un leurre. Chacun arrivait avec son parti pris ; les raisons les meilleures tombaient dans l'oreille de sourds volontaires. Ceux-ci daignaient-

ils écouter, l'argument les blessait-il par sa justesse ?
les insultes grondaient. Aussi le vote par manda-
taire fleurissait-il. On aurait pu supprimer les débats et, pour le résultat, remplacer le moulin à
prière des Chinois par un moulin à voter. Léonce de
Castelnau, découragé, confiait à ses intimes :
« qu'attendre d'une Chambre pareille ? »

C'est de ces auditeurs inaccessibles qu'il essaya
de se faire suivre lors de la discussion de la loi sur la
Séparation de l'Eglise et de l'Etat. Une réforme
loyale, il ne l'aurait pas redoutée. Mais une loi qui
inaugurait par la spoliation une ère de prétendu
affranchissement, ne tendait à rien moins qu'à la
destruction du culte par la famine du prêtre. De
Castelnau se fit le défenseur de la liberté religieuse.
On le vit se cramponner à la tribune avec l'énergie
du désespoir. Un témoin de sa vie, M. Piou, a pu dire :
« Il disputa le terrain pied à pied, avec une admira-
ble fécondité de ressources, et sans se départir un
instant d'une obstination courtoise qu'aucun échec
ne lassait. Le divorce de l'Etat avec l'Eglise lui
paraissait une apostasie nationale ; mais, pour
mieux combattre, il refoulait en lui sa douleur et
sa colère... C'est dans sa conversation et ses lettres
intimes, qu'il laissait son cœur meurtri s'épancher
librement ; c'est là que ses amis eurent le secret

des poignantes angoisses que lui dictait sa conduite.

« Il a assez vécu pour voir les événements démentir ses alarmes, des horizons nouveaux s'ouvrir devant l'Eglise par-dessus des ruines entassées et la Religion, dont il était le soldat fidèle, puiser, encore une fois dans l'épreuve, un renouveau de jeunesse et de force. »

Tous les jours sur la brèche, il avait en outre à tracer la marche du Groupe parlementaire de l'Action populaire libérale dont il était devenu le président dès 1902. Les courses vagabondes pour semer la bonne parole à tout venant, étaient peu de chose auprès du labeur administratif. Cette milice de combat a essaimé de nombreux centres de propagande, pour la défense de la Liberté, de la propriété et de la famille, sans le respect desquelles une nation cesserait d'être civilisée. D'où la nécessité, pour maintenir l'unité de direction, d'une correspondance importante. Léonce de Castelnau arriva donc surmené aux élections de 1906.

On dit aux catholiques : « Adressez-vous aux masses. Le jour où l'opinion sera pour vous, les noms que vous préférez sortiront des urnes. » Le défi pourrait être accepté si les élections se faisaient suivant la légalité, si le ministre n'avait pas ses candidatures officielles et ses préfets à poigne, si les camelots du socialisme n'étaient pas déchaînés contre les libéraux, comme une meute dont les menaces impressionnent les natures faibles. Dans le doux pays de France, dans le Midi surtout où la violence, comme dans l'élection Leroy-Beaulieu, est devenue pour les Jacobins un moyen de persuasion, on ne pourra plus, bientôt, mener une campagne électorale sans faire preuve de courage civique. La lie de la population s'acharne, trop souvent, contre les candidats avec des clameurs hostiles. On conspue la calotte. Parfois la haine se manifeste par des attaques qui laissent la force publique presque indifférente.

Tel était l'état d'âme des couches nouvelles de Saint-Affrique. Le 5 mai 1906, pendant le dépouillement du scutin, des amis vinrent dire à Léonce de Castelnau qu'on fraudait à la Mairie. J'ignore si le reproche était fondé. Le candidat se transporta à la maison commune, espérant que sa présence mettrait fin aux abus. A sa vue, ses adversaires firent de l'obstruction pour lui rendre difficile l'accès de la salle qui était soit au premier étage, soit en contrehaut. Il essaya de fendre la foule. Une bousculade se produisit dans l'escalier. Un manifestant, placé sur une marche supérieure, lui lança une ruade violente, qui l'atteignit dans le flanc et le renversa. On le transporta chez lui, à peu près sans connaissance. Il pardonna à son agresseur, dès le premier moment. Peut-être eut-il raison. Le vrai coupable était moins cette brute inconsciente que les politiciens qui avaient excité ses colères par leurs calomnies.

Aux mêmes élections. M. Piou rentra au Parlement. Léonce de Castelnau, toujours modeste, tint à s'effacer devant lui et à lui laisser la présidence de droit du groupe de l'Action Libérale. S'il résigna l'honneur de sa haute position, pour n'être plus que le vice-président de son éminent collègue, il conserva tout entière sa part du labeur ingrat. Le Parlement l'entendit aussi, éclairer de son expérience de jurisconsulte les débats sur le régime des aliénés, la compétence des juges de paix, les questions agricoles, l'assistance aux vieillards, l'extension de la loi des accidents aux ouvriers et aux employés de commerce et les secours aux familles nombreuses.

Les jours heureux finissaient pour lui. Il vit disparaître, soit dans leur maturité, soit dans leur jeunesse ou même dans leur enfance, l'élite de ceux qu'il avait chéris. Sa piété en devint plus affinée. Il lui semblait que, par la prière, il communiquait encore dans le sein de l'Eternel, avec ses chers envolés. Suivant le conseil du psalmiste, il quittait tôt la « couche oisive ». Avant d'être l'homme de son pays et de ses électeurs, il consacrait ses premières heures au service de son Dieu. Sa vie, admirablement distribuée, lui permettait de suffire à tout. Les dévotes de sa paroisse voyaient avec surprise ce député, dont la notoriété était grande, s'approcher fréquemment de la Sainte Table et dérouler entre ses doigts les grains de son chapelet. Parfois, un petit livre sortait de sa poche, c'était l'office de la sainte Vierge, usé à force d'être lu. Il faisait la part de la méditation, ainsi que les moines, et scrutait de préférence le mystère de l'Incarnation. Son fils, de qui viennent ces détails, ajoutait : « Cette pensée d'un Dieu fait homme le saisissait et lui donnait une grande confiance. « Un Dieu qui a connu nos fai- « blesses, nos misères, nos angoisses ! » m'a-t-il répété souvent. Après la grâce de Dieu, c'est certainement à lui et à ma mère que je dois ma vocation. »

A cette époque, sa santé déclina. Il eut de longues et inexplicables souffrances. Le doute était difficile. C'est au flanc, à l'endroit précis où il avait été frappé le 5 mai 1906, que le mal faisait ses ravages. Il est à supposer qu'il succombait sous les coups d'un Français et d'un Français de Saint-Affrique. Une première opération fut pratiquée en juillet ou en août 1908. Le chirurgien trouva les désordres plus graves qu'il ne les avait supposés. Il dut enlever des lambeaux d'entrailles, laisser des drains, dans l'impossibilité où il se trouvait de pratiquer la suture.

« Rien, nous révèle M. Piou, ne put altérer l'égalité de son humeur et la sérénité de son âme ; rien ne ralentit même, aux jours d'accalmie, l'ardeur d'un zèle toujours en éveil. » Un second témoin de sa vie, M. Vidal de Saint Urbain, sénateur de l'Aveyron, prétend qu'il avait « la fièvre du devoir ». Dès qu'il put se tenir debout il déposa sa proposition sur la création des conseils régionaux, prise en très grande considération par la Chambre, et qui sera (le succès paraît certain) le couronnement de son œuvre législative. « Il y a un mois à peine, nous apprend M. de Saint-Urbain, le rencontrant au milieu d'un groupe de ses collègues où il discutait avec ce brio et cette belle humeur qui lui étaient familiers, je me permis de lui faire observer qu'il abusait peut-être de ses forces. Voici ce qu'il me répondit (je puis citer textuellement ses paroles car elles sont de celles qu'on n'oublie pas) : « Mon « cher ami, je ne m'arrêterai pas ; personne ne me « le reprochera si je guéris ; si je meurs, j'aurai la « satisfaction, à ma dernière heure, d'avoir fait « mon devoir jusqu'à la fin. » De Castelnau était

de ceux qui estiment qu'un chrétien doit mourir debout.

La seconde et dernière opération eut lieu à la fin du mois de mars 1909. Le R. P. Pierre de Castelnau de la Compagnie de Jésus, son fils bien-aimé en qui il avait placé toutes ses complaisances, qu'il avait offert lui-même à Dieu, en termes touchants, le 30 août 1908, lors de sa première messe, était accouru près de lui.

Il reçut la Sainte Communion dans la matinée du dimanche 28 mars ; personne ne se doutait que ce fût pour la dernière fois. Pourtant, l'état ayant empiré, son fils lui parla, dans la soirée de l'extrême-onction, le sacrement des malades, et lui demanda quand il voulait la recevoir. — « Mais tout de suite, » répondit-il.

La cérémonie eut lieu aussitôt. Les sœurs s'apprêtaient à répondre aux paroles de l'officiant. Il leur dit, avec sa bonne humeur qui ne l'avait pas abandonné : « Je sais mes prières ! » et d'une voix qui ne tremblait pas, il donna, lui-même, la réplique au prêtre.

De huit heures du soir à deux heures du matin, ses souffrances furent atroces. Dieu voulait achever de purifier son serviteur. Vers deux heures son fils, devinant la fin prochaine, lui proposa de lui renouveler l'absolution, ce qu'il accepta de grand cœur, et lui demanda : « Mon père, vous offrez bien vos souffrances au bon Dieu, n'est-ce pas?

— « Oui, répondit-il, pour mon Pays, pour l'Église, pour mes enfants ! » puis il reprit avec attendrissement : « Mon enfant, c'est ma grande consolation de me voir assisté par toi. » A ce moment suprême la pensée de la France, l'ingrate fille aînée de l'Église, faisait palpiter son cœur.

Un peu avant trois heures, angoissé par une crise aiguë il s'écria en suffoquant : « Que c'est long! que c'est long ! » Tout à coup le calme détendit ses nerfs endoloris. Il murmura avec une naïveté enfantine : « Je vais voir le Bon Dieu ! Je vais voir le Bon-Dieu ! » Une agonie paisible commença. Vers trois heures et quart il expirait doucement, à côté de son fils en prières.

Le R. P. Pierre de Castelnau venait d'ouvrir le seuil de l'Eternité à celui dont il avait reçu l'être.

Les obsèques ont eu lieu le mercredi 31 mars à l'église de Saint-Pierre-du-Gros-Caillou. Le deuil était conduit par le R. P. Pierre de Castelnau, fils du défunt, par le général de Castelnau, son frère, par MM. de Miremont, et Inquebert, ses beaux-frères. La Chambre a fait une manifestation de sympathie, d'estime et de regrets au député chrétien. Outre la délégation officielle, plus de deux cents de ses membres, appartenant à toutes les opinions, se pressaient autour du cercueil. Comme la dépouille mortelle devait être ramenée à Saint-Affrique, M. Piou, au nom de l'Action Libérale, a prononcé le dernier adieu sous le porche du sanctuaire.

« M. de Castelnau, a-t-il dit, était un de nos chefs, et quel chef dévoué et généreux ! Sa vaillance faisait notre force aux heures de combat ; le charme de son commerce faisait notre joie aux heures de repos. Sa bonté rayonnait de son âme sur son visage. Dès qu'on l'approchait on se sentait attiré, dès qu'on le connaissait on se sentait conquis. — Sous des formes douces, il cachait un cœur intrépide, trempé par une foi profonde. La modération était chez lui une forme de la vigueur. S'il ne blessait personne, il ne cédait rien de ses principes. A la tribune, il parlait avec mesure, plein d'égards pour ses adversaires, mais animé d'une passion concentrée qui communiquait, à sa parole une chaleur pénétrante. Son langage était toujours celui d'un patriote intransigeant et d'un catholique irréductible. C'était un vaincu, mais un vaincu qui savait se tenir debout et ne jamais plier. »

Le marquis Léonce de Curières de Castelnau occupait une place à part parmi les Anciens Magistrats, celle d'un soldat du premier rang. Lorsque l'invasion des démolisseurs incrédules s'est accentuée il n'a cessé de nous crier, par les mille bouches de l'Action Libérale : « A moi, Français, voici l'ennemi. » Puisque le talon d'un adversaire l'a couché dans le tombeau, nous pourrons répondre, lorsque son nom reviendra sur nos lèvres, comme les soldats à l'appel du nom de La Tour d'Auvergne : « Mort au champ d'honneur ! »